2025

MW00953003

January

Mo	Tu	We	Th	Fr	Sa	Su
		1	2	3	4	5
6	7	8	9	10	11	12
13	14	15	16	17	18	19
20	21	22	23	24	25	26
27	28	29	30	31		

February

Mo	Tu	We	Th	Fr	Sa	Su
					1	2
3	4	5	6	7	8	9
10	11	12	13	14	15	16
17	18	19	20	21	22	23
24	25	26	27	28		

March

Mo	Tu	We	Th	Fr	Sa	Su
					1	2
3	4	5	6	7	8	9
10	11	12	13	14	15	16
17	18	19	20	21	22	23
24	25	26	27	28	29	30
31						

April

Mo	Tu	We	Th	Fr	Sa	Su
	1	2	3	4	5	6
7	8	9	10	11	12	13
14	15	16	17	18	19	20
21	22	23	24	25	26	27
28	29	30				

May

Mo	Tu	We	Th	Fr	Sa	Su
			1	2	3	4
5	6	7	8	9	10	11
12	13	14	15	16	17	18
19	20	21	22	23	24	25
26	27	28	29	30	31	

June

Mo	Tu	We	Th	Fr	Sa	Su
						1
2	3	4	5	6	7	8
9	10	11	12	13	14	15
16	17	18	19	20	21	22
23	24	25	26	27	28	29
30						

July

Mo	Tu	We	Th	Fr	Sa	Su
	1	2	3	4	5	6
7	8	9	10	11	12	13
14	15	16	17	18	19	20
21	22	23	24	25	26	27
28	29	30	31			

August

Mo	Tu	We	Th	Fr	Sa	Su
				1	2	3
4	5	6	7	8	9	10
11	12	13	14	15	16	17
18	19	20	21	22	23	24
25	26	27	28	29	30	31

September

Mo	Tu	We	Th	Fr	Sa	Su
1	2	3	4	5	6	7
8	9	10	11	12	13	14
15	16	17	18	19	20	21
22	23	24	25	26	27	28
29	30					

October

Mo	Tu	We	Th	Fr	Sa	Su
		1	2	3	4	5
6	7	8	9	10	11	12
13	14	15	16	17	18	19
20	21	22	23	24	25	26
27	28	29	30	31		

November

Mo	Tu	We	Th	Fr	Sa	Su
					1	2
3	4	5	6	7	8	9
10	11	12	13	14	15	16
17	18	19	20	21	22	23
24	25	26	27	28	29	30

December

Mo	Tu	We	Th	Fr	Sa	Su
1	2	3	4	5	6	7
8	9	10	11	12	13	14
15	16	17	18	19	20	21
22	23	24	25	26	27	28
29	30	31				

January

Monday	Tuesday	Wednesday	Thursday	Friday	Saturday	Sunday
		1	2	3	4	5
6	7	8	9	10	11	12
13	14	15	16	17	18	19
20	21	22	23	24	25	26
27	28	29	30	31		

February

Monday	Tuesday	Wednesday	Thursday	Friday	Saturday	Sunday
					1	2
3	4	5	6	7	8	9
10	11	12	13	14	15	16
17	18	19	20	21	22	23
24	25	26	27	28		

March

Monday	Tuesday	Wednesday	Thursday	Friday	Saturday	Sunday
					1	2
3	4	5	6	7	8	9
10	11	12	13	14	15	16
17	18	19	20	21	22	23
24	25	26	27	28	29	30
31						

April

Monday	Tuesday	Wednesday	Thursday	Friday	Saturday	Sunday
	1	2	3	4	5	6
7	8	9	10	11	12	13
14	15	16	17	18	19	20
21	22	23	24	25	26	27
28	29	30				

May

Monday	Tuesday	Wednesday	Thursday	Friday	Saturday	Sunday
			1	2	3	4
5	6	7	8	9	10	11
12	13	14	15	16	17	18
19	20	21	22	23	24	25
26	27	28	29	30	31	

June

Monday	Tuesday	Wednesday	Thursday	Friday	Saturday	Sunday
						1
2	3	4	5	6	7	8
9	10	11	12	13	14	15
16	17	18	19	20	21	22
23	24	25	26	27	28	29
30						

July

Monday	Tuesday	Wednesday	Thursday	Friday	Saturday	Sunday
	1	2	3	4	5	6
7	8	9	10	11	12	13
14	15	16	17	18	19	20
21	22	23	24	25	26	27
28	29	30	31			

August

Monday	Tuesday	Wednesday	Thursday	Friday	Saturday	Sunday
				1	2	3
4	5	6	7	8	9	10
11	12	13	14	15	16	17
18	19	20	21	22	23	24
25	26	27	28	29	30	31

September

Monday	Tuesday	Wednesday	Thursday	Friday	Saturday	Sunday
1	2	3	4	5	6	7
8	9	10	11	12	13	14
15	16	17	18	19	20	21
22	23	24	25	26	27	28
29	30					

October

Monday	Tuesday	Wednesday	Thursday	Friday	Saturday	Sunday
		1	2	3	4	5
6	7	8	9	10	11	12
13	14	15	16	17	18	19
20	21	22	23	24	25	26
27	28	29	30	31		

November

Monday	Tuesday	Wednesday	Thursday	Friday	Saturday	Sunday
					1	2
3	4	5	6	7	8	9
10	11	12	13	14	15	16
17	18	19	20	21	22	23
24	25	26	27	28	29	30

December

Monday	Tuesday	Wednesday	Thursday	Friday	Saturday	Sunday
1	2	3	4	5	6	7
8	9	10	11	12	13	14
15	16	17	18	19	20	21
22	23	24	25	26	27	28
29	30	31				

Made in the USA
Las Vegas, NV
21 November 2024

12308871R00017